LA BRANCHE AINÉE

DES

BOURBONS

le Comte de Chambord

ET

L'ADULTÈRE

« .... Voyez, contempteurs,... je vais
» faire en vos jours une œuvre que vous
» ne croirez pas si on vous l'annonce. »
HABAC., I, 5.—ACT. DES AP., XIII, v. 41.

LAUSANNE

IMPRIMERIE DE LUCIEN VINCENT

25 Août 1873.

LA BRANCHE AINÉE

DES

BOURBONS

le Comte de Chambord

ET

# L'ADULTÈRE

« .... voyez, contempteurs,... je vais
» faire en vos jours une œuvre que vous
» ne croirez pas si on vous l'annonce. »
HABAC., I, 5.—ACT. DES AP., XIII, v. 41.

LAUSANNE

IMPRIMERIE DE LUCIEN VINCENT

25 Août 1873.

M. CLAUDE MARIE PAUL DE THARIN.

Ancien Évêque de Strasbourg;
Précepteur de S. A. R. M. Le Duc de Bordeaux.

———————————

« . . . Ce n'est pas ma faute . . . si mon élève n'est pas l'héritier légitime . . .

« Une grande malédiction pèse sur la famille (de Charles X) **parcequ'elle règne sciemment au préjudice du fils de LOUIS XVI.**

« Elle est avertie de son **usurpation.**-Louis XVIII a profité le premier de ce bien mal acquis; les autres ont succombé, comme lui, à la tentation d'occuper **le Trône de LOUIS XVII.**

« Cette **injustice** retombe sur leurs têtes . . . j'en suis désolé pour mon petit Duc de Bordeaux. . .

Paroles de M.gr THARIN, en annonçant que Charles X serait chassé de France.

INTRODUCTION

La Photographie de la *Branche Aînée des Bourbons* a déjà révélé au public quels sont « les demandeurs » — pour nous servir de la terminologie judiciaire — dans le Procès intenté au Comte de Chambord.

Ce n'est pas tout de se prétendre... *héritier légitime*... il faut encore un Etat Civil et Ecclésiastique régulièrement établi, *vrai*, et dressé conformément aux prescriptions légales.

La parole est donc **à l'histoire,** pendant que *l'heure* est à **la justice...**

Et, si la *justice* doit prononcer où est la vérité et dans quel cœur se cache le mensonge, c'est à l'*histoire* de faire l'enquête, de vérifier les blasons, les alliances et les titres.

---

* Par **Pierre Petit,** Photographe des Évêques de France ; — en vente, *à Lausanne* : au Bazar Vaudois et chez M. Schmid-Dépassel, Photographe, Grand-Pont, 12.

Au fronton de la Maison de Ville de Lausanne, tout œil peut voir une fresque entourant les aiguilles de l'horloge et disant, dans une charmante allégorie : *Avec le temps, la Justice punit le coupable et réhabilite l'innocence.*

Or, une foule innombrable de crimes, de révolutions, de mensonges, d'usurpations et de sacriléges se sont commis en France, sur ce vieux sol gaulois de qui l'auteur de *Sainte Clotilde et son siècle* a pu dire : « Ceux qui fouillèrent dans nos annales, » sans même appartenir à notre nation par » droit de naissance, ont été naturalisés » par leurs études dans l'adoption et dans » l'amour. Et quand ils furent impartiaux, » tous ont pensé ce que l'un d'eux, éminemment sincère et distingué, a eu la » générosité d'écrire : *Tout homme a deux* » *patries : la sienne et la France.* »

Ces crimes remontent bien jusqu'aux jours où un Franc marchait sous les drapeaux d'Attila contre son frère et contre

---

* **César Cantu**, *Hist. Univ*, T. VII, — cité par l'**Abbé Rouquette** dans son *Histoire de Ste-Clotilde.*

son Roi, mais, depuis quatre-vingts ans
(1793-1873), ils gravitent tous, y compris
le meurtre du meilleur des Rois, à l'entour
de *l'usurpation de la couronne de Louis
XVII, dernier Roi légitime de France*,
et souvent ils ont précipité la France à deux
doigts de sa perte.

M. de Châteaubriand a bien pu faire paraître, en 1814, et *à* **Lausanne,** ces paroles d'espérance : « Non, je ne croirai jamais
» que j'écris sur le tombeau de la France ;
» je ne puis me persuader qu'après le jour
» de la vengeance nous ne touchions pas au
» jour de la miséricorde. L'antique patri-
» moine des Rois très-chrétiens ne peut
» être divisé : il ne périra point ce Royaume
» que Rome expirante enfanta au milieu
» de ses ruines, comme un dernier essai
» de sa grandeur * » — mais l'histoire a
vu démentir cet enthousiasme patriotique
vénéré du monde entier — car, *par cette
usurpation de la couronne de Louis*

---

* *De Buonaparte, des Bourbons et des Alliés,* par F.-A
de Chateaubriand. — Seconde édition — *à Lausanne*
chez Louis Knab, libraire, 1814.

XVII, l'ordre social est tombé dans le chaos, et la France a perdu la grâce de Dieu, puis des millions d'hommes, des millards de francs, et des provinces qui la font ressembler à une nouvelle Rachel, ne pouvant pas être consolée parce que ses enfants ne sont plus.

Cette *grâce* est la vie des peuples, et, lorsqu'elle commence à se retirer, une nation est bien près de sa mort, Dieu ne lui donnant plus d'hommes capables de la perpétuer. La justice est le fondement *naturel* et nécessaire de cette grâce. Or, c'est seulement *en rendant justice*, en rentrant dans le plan providentiel, que l'ordre social renaîtra de ses ruines et que la France pourra espérer la miséricorde du Divin Auteur de la Grâce, car : *Christus amat Francos*.

Mais, ce n'est point par un imposteur que s'accomplira ce recouvrement de la grâce. Pour l'opérer, il faut un fils *légitime* du Roi qui sut, jadis déjà, recouvrer la frontière du Rhin et la Cathédrale de Strasbourg.

L'usurpation, dans l'ordre social, constitue un **empêchement** aussi invincible que *le lien sacramentel* en matière matrimoniale.

Les magnificences du sacre deviennent *alors* aussi vaines que les cérémonies d'un mariage. *Alors encore*, Dieu maudit la bénédiction du Prêtre.

C'est ce dont l'auteur du *Génie du Christianisme* était bien convaincu, *en principe ;* mais, en donnant, par ignorance sans doute, dans le complot ourdi par M. de Talleyrand (dupe de la coalition), pour transmettre la Couronne de France et le trône du Fils-Aîné de l'Église au comte de Provence (L. XVIII), M. de Châteaubriand n'a pas su distinguer dans l'horizon politique *l'homme qui avait,* alors, *grâce d'état pour régner* — et, en contribuant à briser le fil dynastique qui avait fait du Dauphin le successeur *naturel* de Louis XVI, M. de Châteaubriand rompit *le canal de la grâce.*

Oui, ceux qui renièrent Louis XVII, de bonne ou de mauvaise foi, Princes du sang, Evêques, Magistrats, Prêtres ou citoyens, tous ces hommes-là ont rejeté, pour leur malheur, le Roi qui seul, selon cette antique alliance contractée avec Dieu même par la *Loi Salique*, avait, au jour de sa naissance, été doué de sagesse, de force, de génie et de courage pour ceindre la Couronne de Charlemagne.

Et c'est ainsi qu'un jour le Prophète de la famille royale de David a pu dire : « *La terre est dans le deuil, elle pleure, elle tombe en défaillance, le monde succombe, ce qu'il y a de grand parmi le peuple est dans l'abaissement.*

» *La terre est infectée par la corruption de ceux qui l'habitent, parce qu'***ils ont violé les lois, changé le droit et rompu une alliance éternelle.** »

—————

Cette publication a donc pour but d'offrir au lecteur un résumé de la question judiciaire aujourd'hui pendante devant les tribunaux français et d'où peuvent sortir ou la paix, l'ordre et la prospérité... ou, — si l'injustice prévaut, — mais, sachons espérer !

Pour plus de clarté, six paragraphes contiennent les matières suivantes :

1. *Une Chronique Judiciaire,* ou l'état de la cause à cette heure.

2. *Un Tableau Généalogique* de la Maison de Bourbon et des Branches Cadettes, avec l'alliance de la famille de Charette au Sang Royal de France.

3. *L'exposition d'un* **dilemme** où il ne s'agit pas du droit divin ni de la légitimité, mais *d'une naissance légitime* et *d'une qui ne l'est pas.*

4. Une leçon laissée par le Général Vendéen de Charette sur la *Légitimité du Pouvoir* en France.

5. Une autre leçon d'*Histoire* donnée au

Comte de Chambord par Mgr Tharin, son Précepteur.

6. *La Bague de la Libération* et le témoignage de la Diplomatie.

A. B.

Lausanne, le 25 août 1873, fête de Saint Louis, Roi de France et Patron du Tiers-Ordre de S. François d'Assise.

CHRONIQUE JUDICIAIRE

———

La Branche Ainée
Des Bourbons
et
Le Comte de Chambord

> La Justice est immortelle.
> *La Sagesse*, I , 13.

Le Journal des Tribunaux de France (**Le Droit**, no 182, sam., 2 août 1873) annonce que « la demande en nullité de l'acte de décès du « duc de Normandie (Louis XVII) dressé le 24 « prairial, an III, a été inscrite au rôle de l'au-« dience solennelle de la *Cour d'Appel* » de Paris. — (Seconde instance.)

Telle est la grande actualité judiciaire.

Le procès du maréchal Bazaine doit lui former un digne pendant et tenir en équilibre les deux plateaux de la justice.

La France Nouvelle fait connaître que les demandeurs ont pour avocat l'illustre J. Favre, lequel, en 1851, a déjà plaidé le même procès. Mais, alors, l'homme du 2 décembre pouvait encore enlacer la France et arrêter une procédure. — Dans sa *Chronique*, **Le Temps** demande s'il n'est pas vrai que ce problème historique est un des plus obscurs et des plus intéressants à analyser. — **Le Grelot** avait déjà dit (le 15 sept. 1872) : Et après tout, je ne vois pas pourquoi ce prince Adalbert de Bourbon ne serait pas le fils de Louis XVII. Sous la Restauration, il y eut un Louis XVII, dont la cour fut fort embarassée. Aussi sa voix fut-elle étouffée sous une foule de sosies doués de qualités si grotesques..... — L'**Avenir National** (30 juillet 1873) présente la situation en ces quelques mots : Il s'agit d'une poursuite en usurpation d'état intentée au comte de Chambord par les héritiers du Dauphin, ou prétendu Dauphin (on saura la chose plus tard). — **Le Gaulois**, dès le 7 mars, a publié des articles remarquables sur le sujet et avec ce litre : LA MAISON DE FRANCE, — car, comme nos lecteurs le savent, « les demandeurs » doivent former *la Branche Aînée des Bourbons.*

D'autre part, le comte de Chambord fait défaut sur l'appel interjeté par ses adversaires du jugement du *Tribunal de la Seine* (première instance) qui a repoussé leur demande ; il a élu domicile à Frohsdorf où mourut la duchesse d'Angoulème après avoir reconnu, sous le nommé Naündorf, le Dauphin son frère ; et, d'après ses correspondants, le Souverain-Pontife pourrait seul avoir qualité pour porter un jugement en pareille matière.

C'est une nouvelle manière de confondre le for civil et le for ecclésiastique.

Aussi, nous verrons si la Cour d'Appel du département de la Seine est de ce sentiment ; le comte de Chambord est assigné depuis le 13 avril 1872 ; et, depuis plus d'une année, les Juges de la Première Chambre ont eu le temps de se mettre *en état de science.*

* *

Dans ce procès, il s'agit donc d'une *poursuite en usurpation d'état civil* intentée au comte de Chambord, et de la *restitution aux héritiers du Duc de Normandie de la moitié de la fortune laissée par Louis XVI, puis dé-*

*tournée et transmise par la Duchesse d'An-
goulème* (sœur du Dauphin) *au comte de
Chambord* (son neveu). De même, tous les
biens acquis par le comte de Chambord comme
« prétendu chef de la Maison de France » de-
vraient faire retour à « *la Branche Aînée de
Bourbons.* »

Si, comme en 1851, le comte de Chambord
fait encore défaut, la justice peut ne pas moins
suivre son cours; dèslors, à son premier voyage
en France, il serait arrêté à la frontière au nom
de la loi, pendant que « *la Branche Aînée des
Bourbons* » serait nantie du château de Chambord et de toutes les valeurs saisissables...

Dans les *Règles du Droit* de Boniface VIII,
ne trouvons-nous pas, en effet, cet axiome, non
moins concluant pour le for civil : *Peccatum
non dimittitur, nisi restituatur ablatum.*

Au prochain Concile des Evêques de France,
il y aurait même à voir s'il ne faut pas demander au Saint-Siége de refuser les Sacrements à
la colonie de Frohsdorf, jusqu'à ce qu'elle ait
fait cette restitution à Madame la Duchesse de
Normandie.

Voilà quelques conséquences du procès; l'o-
pinion publique est émue à Paris comme en
province; le comte de Chambord peut bien avoir

reçu à Frohsdorf une députation, mais il a compté sans la justice.

.˙.

« Il est de fait que si le dit prince Adalbert de Bourbon est réellement le fils de Louis XVII, M. de Chambord n'est qu'un simple cadet »…. tel est le raisonnement du **Grelot**… aussi ce journal a-t-il bien pu intituler son article : *Les légitimistes dans l'embarras*, et dire que sa conscience lui défendait de se prononcer sur une question aussi délicate, tant qu'elle ne serait pas complétement éclairée.

.˙.

Un peu plus au fait de l'histoire que l'auteur du « Livre au mouchoir, » *la Cour d'Appel de Paris* aura donc à rechercher si Hervagault, Mathurin-Bruneau, le baron de Richemont et le compagnon de Sylvio Pellico dans la prison Sainte-Marguerite, ne sont pas un seul et même individu, une seule et même personne dressée par les différentes usurpations, pour égarer l'opinion publique pendant qu'elles détenaient le patrimoine du Duc de Normandie.

A côté de l'*Abrégé de l'Histoire des infortunes du Dauphin*, publié à Londres, en 1836, il y a aussi *The Authentic* (?) *Historical* (?) *Memoirs of Louis Charles, Prince Royal*... London 1868. — Or, sans préjuger, les prétentions de MM. William et Auguste Meves prouveraient leurs droits, si ce n'est à la qualité de citoyens français, *du moins au bagne ou à la potence.*

Les débats nous révèleront, sans doute aussi, quels sont les enfants *légitimes* du duc de Berry, s'il n'y en aurait pas *d'illégitimes* ou même *d'adultérins*, et quelle est la *vraie* Duchesse de Berry.

✶ ✶

La cause est donc digne d'une *audience solennelle*, et si la *justice* peut se mettre d'accord avec l'*histoire*, les conclusions de la Cour d'Appel viendront nous apprendre ce qu'il faut penser de ce passage de M. L. Veuillot dans les *Pèlerinages de Suisse* : « On voit à deux lieues » de Vevey un beau château (Grand-Clos) qui » renferme des hôtes étranges. Aux yeux de » beaucoup de gens, ce n'est pas moins qu'une » famille royale, et une famille royale de France, » qui habite là. Cette famille se compose d'une » mère et de six enfants... Ces enfants ont des » instituteurs, un Aumônier, des équipages...

» Pour le père,... il est exilé. On l'appelle vul-
» gairement Naündorf, mais il assure que son
» nom véritable est Louis-Charles, duc de Nor-
» mandie.

« Le fameux laboureur de Gallardon, Martin,
» dont on a tant parlé sous Louis XVIII, est rat-
» taché à l'action....

« ....advienne ce que Dieu voudra... Je dis
» seulement que le mensonge est roi de ce
» monde. (*) »

C'est se tirer heureusement d'embarras, car
M. L. Veuillot nous apprend, encore, que le
fils aîné de ce personnage a été reçu à l'Ecole
Militaire des jeunes nobles de Dresde.

*
* *

Les annales judiciaires du Pays-de-Vaud rap-
portent comment M. Brémond (établi à Semsales, après avoir été occupé intimement auprès
de Louis XVI) fut entendu au sujet de cette *famille royale* du Château de Grand-Clos devant
le tribunal civil de Vevey (octobre 1837) en
vertu d'une commission rogatoire émanée de
Paris. Les dépositions de M. de Brémond sont
insérées au procès-verbal et copie de cet acte

(*) **L. Veuillot**, *Les Pélerinages de Suisse*, Paris, A.
Carnut, 1839; T. 1, p. 47-58.

lui a été remise, en juste et due forme, par le tribunal de Vevey.

*
* *

Voici un autre témoignage que pourra fournir le canton de Fribourg.

Au cimetière de Semsales, derrière le chœur de l'église, on voit cette épitaphe :

†

ICI REPOSE

M. ANTOINE RENÉ MARIE TERRIER

MARQUIS DE MONCIEL

COLONEL D'INFANTERIE

MINISTRE DE L'INTÉRIEUR SOUS LOUIS XVI

MORT LE 29 AOUT 1831

AGÉ DE 74 ANS.

———

Tuis fidelibus, Domine, vita mutatur
non tollitur.

———

Or, comment, ce Ministre de Louis XVI est-il venu mourir à Semsales ? — pourquoi Semsales fut-il, alors, le rendez-vous de l'élite de la société française ? — que veulent dire ces clichés de l'*Abrégé de l'Histoire des infortunes du Dauphin* encore conservés à Semsales? — et, si MM. de Brémond et de Montciel ont reconnu Louis XVII dans le chef de la Famille Royale de Grand-Clos, des dépositions contradictoires pourront-elles s'élever contre leurs témoignages?....

* *

La cause a donc été inscrite au rôle de la première chambre de la Cour d'Appel, à Paris, et, après les vacations, elle sera appelée, dit le **Journal des Tribunaux**, dans une *audience solennelle*.

Un fac-simile de *l'acte incriminé* a été publié par M. de Beauchesne, mais, contrairement à toutes les formalités légales, il ne porte pas la signature de la sœur du Dauphin pourtant présenté dans la *Tour du Temple* le 24 prairial.

Semsales et le Château de Grand-Clos pourraient bien ainsi devenir de **véritables pélerinages** où, la *justice* toujours d'accord avec l'*histoire*, M. de Beauchesne corrigerait l'histoire de *la Vie*, de *la Captivité* et de *la Mort de Louis XVII*, pendant que M. L. Veuillot soignerait l'impression d'une nouvelle édition des *Pélerinages de Suisse*.

§ 2.

TABLEAU GÉNÉALOGIQUE

OU

INTRODUCTION AU DILEMME

« Nous n'avons pas douté que *le Soleil de*
» *Justice* ne se lèverait de nouveau en France,
» après les longues ténèbres de l'erreur...:. »

Bref de S. S. le Pape Pie IX à tous les
Députés de l'Assemblée Nationale qui ont de-
mandé, à Paray-le-Monial, la consécration
de la France au Sacré-Cœur de Jésus. —
(Du 24 Juillet 1873.)

GÉNÉALOGIE DE LA MAISON DE BOURBON

et des Branches Cadettes

AVEC L'ALLIANCE DE LA FAMILLE DE CHARETTE AU SANG ROYAL DE FRANCE

par la princesse Louise-Marie-Charlotte de Bourbon, fille de la *vraie* duchesse de Berry.

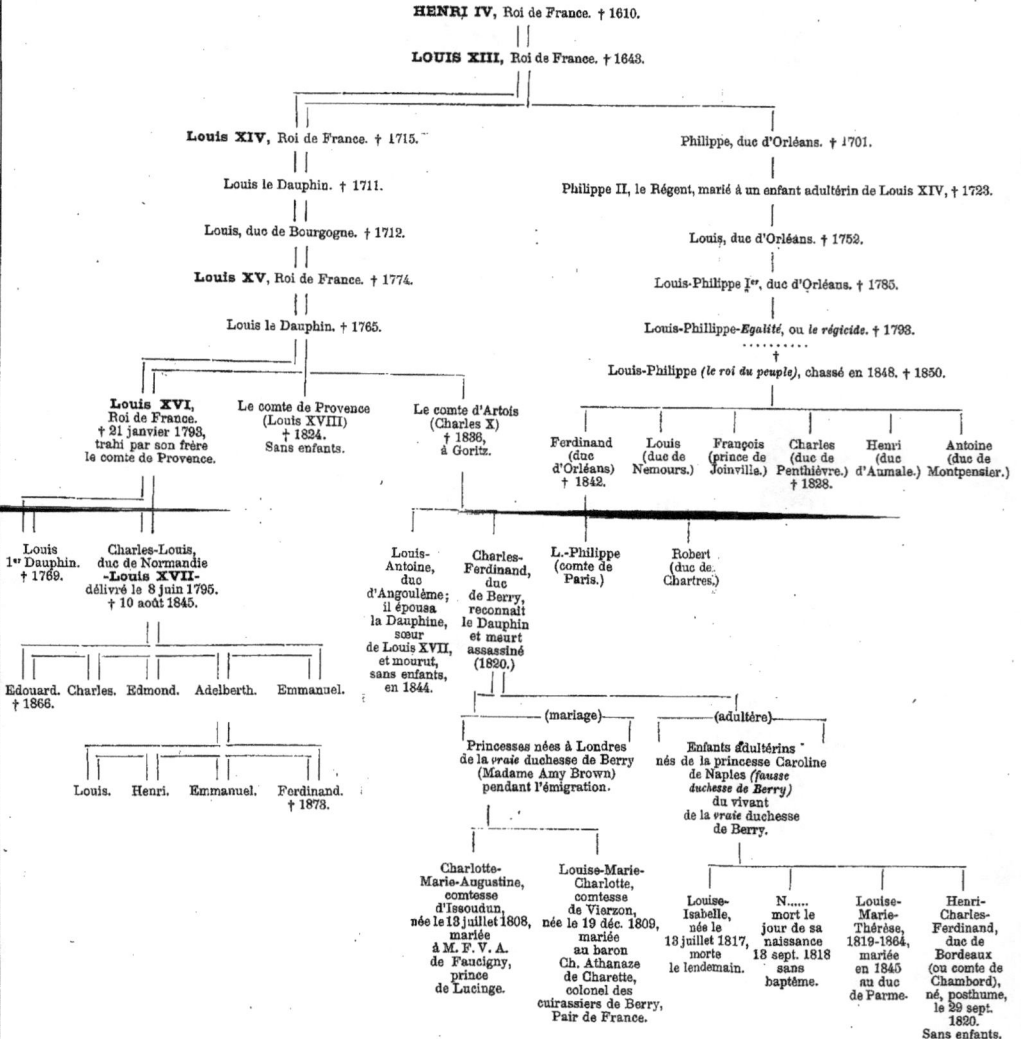

HENRI IV, Roi de France. † 1610.

LOUIS XIII, Roi de France. † 1643.

Louis XIV, Roi de France. † 1715.

Louis le Dauphin. † 1711.

Louis, duc de Bourgogne. † 1712.

Louis XV, Roi de France. † 1774.

Louis le Dauphin. † 1765.

Philippe, duc d'Orléans. † 1701.

Philippe II, le Régent, marié à un enfant adultérin de Louis XIV, † 1723.

Louis, duc d'Orléans. † 1752.

Louis-Philippe I⁣er, duc d'Orléans. † 1785.

Louis-Phillippe-*Egalité*, ou le *régicide*. † 1793.

Louis-Philippe (*le roi du peuple*), chassé en 1848. † 1850.

Louis XVI, Roi de France. † 21 janvier 1793, trahi par son frère le comte de Provence.

Le comte de Provence (Louis XVIII) † 1824. Sans enfants.

Le comte d'Artois (Charles X) † 1836, à Goritz.

Ferdinand (duc d'Orléans.) † 1842.

Louis (duc de Nemours.)

François (prince de Joinville.)

Charles (duc de Penthièvre.) † 1828.

Henri (duc d'Aumale.)

Antoine (duc de Montpensier.)

Louis 1ᵉʳ Dauphin. † 1769.

Charles-Louis, duc de Normandie -**Louis XVII**- délivré le 8 juin 1795. † 10 août 1845.

Louis-Antoine, duc d'Angoulême; il épousa la Dauphine, sœur de Louis XVII, et mourut, sans enfants, en 1844.

Charles-Ferdinand, duc de Berry, reconnaît le Dauphin et meurt assassiné (1820.)

L.-Philippe (comte de Paris.)

Robert (duc de Chartres.)

Edouard. Charles. Edmond. Adelberth. Emmanuel. † 1866.

Louis. Henri. Emmanuel. Ferdinand. † 1873.

(mariage)

Princesses nées à Londres de la *vraie* duchesse de Berry (Madame Amy Brown) pendant l'émigration.

(adultère)

Enfants adultérins nés de la princesse Caroline de Naples (*fausse duchesse de Berry*) du vivant de la *vraie* duchesse de Berry.

Charlotte-Marie-Augustine, comtesse d'Issoudun, née le 13 juillet 1808, mariée à M. F. V. A. de Faucigny, prince de Lucinge.

Louise-Marie-Charlotte, comtesse de Vierzon, née le 19 déc. 1809, mariée au baron Ch. Athanaze de Charette, colonel des cuirassiers de Berry, Pair de France.

Louise-Isabelle, née le 13 juillet 1817, morte le lendemain.

N...... mort le jour de sa naissance 18 sept. 1818 sans baptême.

Louise-Marie-Thérèse, 1819-1864, mariée en 1845 au duc de Parme.

Henri-Charles-Ferdinand, duc de Bordeaux (ou comte de Chambord), né, posthume, le 29 sept. 1820. Sans enfants.

D'après la *Généalogie de la Maison de Bourbon* de **L. Dussieux** (2ᵐᵉ édition. Paris, 1872) et les actes d'état civil de la Famille de France.

§ 3.

LE DILEMME

« Quand même les enfants des adultérins
» vivraient longtemps, ils seront considérés
» comme des hommes de rien, et leur vieil-
» lesse la plus avancée sera sans hon-
» neur. »

LA SAGESSE, III, 17.

Exposition du dilemme : *ou un sang illégitime coule dans les veines du général de Charette .. ou le comte de Chambord est un enfant adultérin.*

En effet, comme l'indique le *Tableau Généalogique*, la mère du Général de Charette et la mère du Comte de Chambord ont été unies, *en même temps*, à un seul et même homme : *au Duc de Berry.*

Oui, *en même temps*, le Duc de Berry a eu deux femmes :

1⁰ *Une première* qui lui a donné deux enfants, preuve d'un mariage consommé, savoir : *Charlotte-Marie-Augustine de Berry*, née à Londres le 13 juillet 1808, créée Comtesse d'Issoudun le 10 juin 1820 — puis *Louise-Marie-Charlotte de Berry*, née à Londres le 19 décembre 1809, créée Comtesse de Vierzon le 10 juin 1820, et mariée (contrat du 16 juin 1827) au Baron Charles-Athanaze de Charette, Colonel des Cuirassiers *de Berry* ˙ et père du Général des Zouaves Pontificaux.

2⁰ *Une seconde* qui, *du vivant de la première* ˙˙, a mis au monde quatre enfants, dont le dernier fut le *Duc de Bordeaux* (né le 29 septembre 1820).

L'auteur de la *Généalogie de la Maison de Bourbon* a bien pu nommer les Princesses Charlotte et Louise de Berry des *enfants naturels*, mais alors, comment MM. Desobry et Th. Bachelet ˙˙˙ peuvent-ils dire : *le duc de Berry*

---

* **Théodore Muret**, *Vie populaire de Charette*, Paris, chez Dentu, 1845, p. 66.

** *La vraie* Duchesse de Berry a séjourné, il y a quelques années encore, dans le Diocèse de Lausanne.

*** *Dict Gén. de Géogr. et d'Hist.* Paris, 1863 ; art. : Duc de Berry.

épousa *à Londres Madame Brown ?* — comment, en parlant des *désapprobations (!)* de Louis XVIII, ces auteurs nomment-ils l'union du Duc de Berry avec Madame Brown **un mariage ?**

Il faut donc rechercher quelle est *la vraie* Duchesse de Berry et quelle est *la fausse* Duchesse de Berry, afin de savoir qui, de la mère du Général de Charette ou du Comte de Chambord est un enfant légitime.

Si Madame Brown est *la vraie* Duchesse de Berry, le Comte de Chambord est un enfant adultérin;— par contre, si la Princesse Caroline de Naples a pu être unie légitimement au Duc de Berry, alors, la mère du Général des Zouaves Pontificaux est le fruit du péché.

La cause est de première gravité, car l'Esprit-Saint dit dans le livre de *la Sagesse : « quand même les enfants des adultérins vivraient longtemps, ils seront considérés comme des hommes de rien. »*

Si la demande en nullité du *faux* acte de décès du Duc de Normandie doit se juger devant la Cour d'Appel du Tribunal Civil de Paris, parce que là sont les juges naturels, — ce *dilemme* pourrait bien être porté au tribunal suprême du Souverain Pontife, car, selon les plus saines notions de droit civil et de droit ecclésiastique, le mariage du Duc de Berry est religieux de sa nature, et il a eu, comme tout autre mariage, deux sortes d'effets :

a] des effets *intrinsèques* relevant du for ecclésiastique ou spirituel (que Louis XVIII n'a jamais pu annuler).

b) des effets *extrinsèques* appartenant au for civil ou temporel (laissant les *apparentes* cérémonies du 17 juin 1816 à Notre Dame de Paris vaines et sans valeur).

Il y a de salutaires remèdes pour bien des maux, vrais ou imputés, réels et factices, pour toutes sortes de maladies du corps ou de l'âme, pour la démence de Nabuchodonosor comme pour la lèpre éléphantiasis, pour l'épilepsie non moins que pour la maladie d'Henri IV, mais la tache de l'adultère est *indélébile* et elle laisse les enfants qui en sont issus *sans honneur*.

Pour avoir un successeur à son usurpation (le Duc d'Angoulème ayant refusé la couronne et étant sans enfants) Louis XVIII a pu prétendre *désapprouver* le mariage du duc de Berry, son neveu, avec Madame Brown, ainsi que nous le disent MM. Desobry et Th. Bachelet, parce que *la vraie* Duchesse de Berry n'avait donné à son mari que des filles, mais ces prétentions gallicannes sont renversées de fond en comble par ce *texte* qui verra passer le dernier jour du monde avant de changer : « *quiconque renvoie sa femme et en épouse une autre commet un adultère.* »

Jusqu'à ce que l'Autorité compétente ait porté son jugement sur *la vraie* ou sur *la fausse* Duchesse de Berry, *le dilemme* subsiste donc dans sa plénitude :

ou un sang illégitime coule dans les veines du Général Baron de Charette et dans celles de sa mère, de ses frères, de ses sœurs et de leurs familles... ou le Comte de Chambord est un enfant adultérin.

§ 4.

UNE LEÇON

LAISSÉE PAR LE GÉNÉRAL VENDÉEN DE CHARETTE

SUR LA

LÉGITIMITÉ DU POUVOIR EN FRANCE

> « Ils ont violé les lois, changé
> » le droit et rompu une alliance
> » éternelle. »
>
> ISAIE, XXIV, 5.

Voici en quels termes, le général russe Su-warow, « étranger aux calculs d'une tortueuse politique, » saluait le général de Charette, quatre mois après l'enlèvement de Louis XVII (*).

(*) TH. MURET, *Ouv. cit.*, p. 53. — LE COMTE M. GRUAU DE LA BARRE, *la Branche Aînée des Bourbons* (édit. popul Paris, A. Sagnier, 1872, p. 61) donne les circonstances où le général de Charette vit Louis XVII.

Voir dans cette dernière publication les noms des personnes qui sauvèrent le Dauphin du Temple et scellèrent de leur sang une fidélité sans égale dans les fastes de l'histoire de France. Madame de Beauharnais devenue la compagne de « Buonaparte » fut le principal instrument dont se servit alors la divine Providence pour conserver à la France sa dynastie et le « Vieux sang des siècles. »

« Le Général Suwarow à M. de Charette, Généralissime des troupes du Roi de France (**) à son quartier-général.

» Héros de la Vendée, illustre défenseur de la Foi de tes pères et du Trône de tes Rois, salut.

» Que le Dieu des armées veille à jamais sur toi; qu'il guide ton bras à travers les bataillons de tes nombreux ennemis, qui, marqués du doigt de ce Dieu vengeur, tomberont, dispersés, comme la feuille qu'un vent du Nord a frappée!

» Et vous, immortels Vendéens, fidèles conservateurs de l'honneur des Français, dignes compagnons d'armes d'un héros, guidés par lui, relevez le Temple du Seigneur et le Trône de vos Rois. Que le méchant périsse; que sa trace s'efface! Alors que la paix bienfaisante renaisse, *et que la tige antique des lis*, que la tempête avait courbée, *se relève au milieu de vous plus brillante et plus majestueuse.*

» Brave Charette, honneur des chevaliers français, l'univers est plein de ton nom. L'Europe étonnée te contemple, et moi, je t'admire et te félicite. Dieu te choisit, comme autrefois David, pour punir le Philistin. Adore ses décrets. Vole, attaque, frappe, et la victoire suivra tes pas.

» Tels sont les vœux d'un soldat qui, blanchi au champ d'honneur, vit constamment la victoire couronner la confiance qu'il avait placée dans le Dieu des combats.

» Gloire à lui, car il est la source de toute gloire. Gloire à toi, car il te chérit!

» Ce 1er octobre 1795, à Varsovie.

» Signé: SUWAROW. »

Or, au 1er octobre 1795, qui était Roi de France? car ce n'est pas une *idée* qui arma la Bretagne et la Vendée.

La proclamation de Charette pour la reprise d'armes (juin 1795) nomme ce Roi et cette *tige antique des lis* que Suwarow, le glorieux vainqueur des Turcs, voyait déjà se relever, après la tempête, *plus brillante et plus majestueuse.* Les propres paroles du général vendéen doivent être rappelées :

Le moment est venu, dit-il, de déchirer le voile qui couvre depuis trop longtemps les véritables causes secrètes de la pacification de la Vendée.

Des délégués de la Convention nous sont envoyés. Canclaux, général des armées républicaines, Ruelle, représentant du peuple, se présentent d'abord, sous les dehors de la bonne foi, de l'humanité, de la sensibilité; ils nous proposent la paix; ils connaissent les causes et les motifs qui nous ont mis les armes à la main, notre amour constant pour *le malheureux rejeton de nos rois* et notre attachement inviolable pour la religion de nos pères. Ils nous entraînent dans plusieurs conférences secrètes. « Vos vœux sont remplis, » nous disent-ils, « nous pensons comme vous : » nos désirs les plus chers sont les vôtres. Ne

» travaillez plus isolément; travaillons de con-
» cert, et, dans six mois au plus, nous serons
» tous au comble de nos vœux. *Louis XVII sur*
» *le trône*, nous ferons disparaître les jacobins
» et les maratistes; la monarchie se réta-
» blira... » (*).

Louis XVII, voilà donc le Roi légitime du
généralisme des troupes catholiques et royales
de France.

Lorsque les officiers du Bas-Poitou reconnu-
rent de Charette pour leur général, n'avaient-
ils pas déjà donné cette profession de fidélité :
« Nous promettons et jurons de lui obéir en
« tout et partout où il lui plaira de nous con-
« duire, comme représentant la personne de
« *Louis XVII*, notre Roi et souverain seigneur. »
(Procès verbal du 9 décembre 1793, signé BAU-
DRY, président, et BOUSSEAU, adjoint.)

Et n'est-ce pas en faveur de Louis XVII et
de son auguste sœur que le général de Charette
avait stipulé avec *les bleus* le traité de la Jaunaie ?

De Vérone, le 1er février 1795, Louis-Stanis-
las-Xavier, Comte de Provence, avait bien pu
donner pour mot d'ordre : *Saint-Louis* ; et pour

(*) TH. MURET, *Ouv. cit.*, p. 69.

ralliement : *Le Roi et la Régence* (*), — mais ce mot *régence* révélait déjà son ambition — car au mois de juillet 1795, il osait écrire : « En » vous privant d'un Roi qui n'a régné que dans » les fers, mais dont l'enfance même nous pro- » mettait le digne successeur du meilleur des » rois, les impénétrables décrets de la Provi- » dence nous ont transmis avec sa couronne, la » nécessité de l'arracher des mains de la ré- » volte... » (**) Certes il est beau le nom de *révolte* sur le lèvres du perfide et traître Louis XVIII ! N'est-ce pas lui qui fut le premier des *révoltés*, le principal *rebelle*? Jamais le Trône de Saint-Louis ne se serait ébranlé et n'aurait été obscurci pendant quatre-vingts ans, si ce Prince du Sang n'avait lui-même ouvert à la Révolution les portes de la salle du Trône.

Le Comte de Provence avait bien aussi trahi sa faiblesse et montré ses convoitises en donnant, en Angleterre, *la Croix de Saint-Louis* à Madame Dufief, née La Barossière, de Saint-Colombin(***). Pour disposer de la Croix de Saint-Louis, était-il donc fondé de pouvoir ?

(*) TH. MURET, *Ouv. cit.*, p. 67.

(**) HENRI DE BONALD, *de la Justice divine sur la France*, Genève, Berthier-Guers, 1832; p. 194.

(***) TH. MURET, p. 40.

Mais, pas plus que le Comte de Provence, le Comte d'Artois ne représentait la Couronne ni le Souverain aux yeux du général de Charette.

Si de 1793 à 1796, le héros de la Vendée soutint une guerre sans égale contre *les bleus*, le parti de Robespierre (vendu au Comte de Provence) et le Général Dumouriez (créature de la faction orléaniste) c'était pour atteindre le but du traité conclu au château de la Jaunaie (février 1795) et placer sur le Trône de France Louis XVII, représentant seul *la légitimité* dans sa personne et dans sa descendance, selon la *Loi Salique*.

* *

Avec la connaissance de cette félonie des deux oncles de Louis XVII, il est facile de comprendre pourquoi le débarquement du comte d'Artois, des 2500 émigrés enrégimentés et des 4 à 500 officiers destinés à former des cadres aux 15,000 hommes de Charette ne s'effectua pas en octobre 1794, après le mouillage à l'Ile-Dieu.

Aussi, lorsque le comte de Grignon, aide-de-camp du Prince vint annoncer que le débarquement était ajourné, *la douleur de Charette et de son armée fut bien cruelle* (*).

(*) Th. Muret, p. 51.

Le magnifique sabre donné à Charette par celui qui devait succéder à Louis XVIII dans l'usurpation n'était qu'une hypocrisie.

« Dites au Prince, répondit le général, qu'il
» m'envoie l'arrêt de ma mort. Aujourd'hui,
» j'ai quinze mille hommes, demain je n'en au-
» rai pas trois cents. Il ne me reste qu'à me
» cacher ou à périr les armes à la main : je
» périrai. »

Nantes vit, en effet, tomber le héros vendéen mais « l'univers est plein de son nom. »

La catastrophe de Quiberon (juin et juillet 1795) s'explique encore par l'usurpation, car cette catastrophe qui éveille de si douloureux souvenirs dans un grand nombre de familles est la divine répudiation de l'avènement du comte de Provence.

Si l'évêque de Dol, Monseigneur de Hercé, un grand nombre de prêtres et de si nobles émi-grés périrent dans cette circonstance, il faut s'en prendre moins à un malheureux peuple, détourné de ses devoirs par les Princes du Sang qu'*au sacrilége sans pareil* commis sur la plage de Carnac après l'acclamation de Louis XVIII.

Pendant qu'on célébrait le prétendu décès de Louis XVII par un service solennel, en face des troupes de l'expédition, des Chouans armés, et d'une immense population, *Louis XVII était en vie.*

Le Dieu qu'on outrageait ainsi sut punir le sacrilége de Carnac ; aussi ne vit-on plus, dès lors, la fausse restauration faire célébrer de service mortuaire pour Louis XVII.

* *

Peu de temps après ces événements, Madame de Beauharnais et les personnes initiées au secret faisaient conduire le jeune Roi à Trieste, puis à Rome où, dit Louis XVII lui-même dans ses mémoires, il fut protégé secrètement *par le Saint-Père Pie VI.* « Je viens de dire le Saint-
» Père, » écrit le royal narrateur, « oui, il l'était
» dans toute l'acception du mot. Je n'ai jamais
» revu un vieillard plus noble et plus vénéra-
» ble ; c'était un Roi qui n'a point eu d'imita-
» teurs, »

Dans la suite du Duc de Normandie se trouvaient alors le comte de Montmorin et le marquis de Briges (*).

(*) *La Branche Aînée des Bourbons*, p. 68.

*
* *

Le général de Charette ne fut pas seul a combattre pour restituer à Louis XVII sa couronne et pour restaurer la France ; le brave Cathelineau reçut son brevet de général en chef des armées de la Vendée, conçu en ces termes :

« Aujourd'hui , douze juin , mil sept cent-
» quatre-vingt-treize, *l'an premier du règne*
» *de Louis XVII*, nous soussignés, comman-
» dant les armées catholiques et royalistes,
» voulant établir un ordre stable et invariable
» dans notre armée, nous avons arrêté qu'il
» sera nommé un Général en chef de qui tout
» le monde prendrait l'ordre. D'après le scru-
» tin, toutes les voix se sont portées sur M. Ca-
» thelineau, qui a commencé la guerre, et à
» qui nous avons tous voulu donner des mar-
» ques de notre estime et de notre reconnais-
» sance. En conséquence, il a été arrêté que
» M. Cathelineau serait reconnu en qualité de
» général de l'armée et que tout le monde pren-
» drait l'ordre de lui.

» Fait à Saumur, en Conseil, au quartier-
» général, le dit jour et an que dessus. Signé :
» *Lescure, Bernard de Marigny, Stofflet, de*
» *Beauvollier* (aîné), *Dehargues, de Laugre-*

» *nière, Delaville-de-Baugé, de La Roche-*
» *jaquelein, de Beauvollier* (le Chevalier),
» *d'Elbée, Duhoux d'Hauterive, Tonnelet,*
» *Desessarts, de Boisy, de Bonchamps.* »

Quelques autres noms sont illisibles ou ont disparu tout-à-fait, par suite de l'humidité de la cache où fut longtemps enfoui ce précieux brevet, aujourd'hui possédé par la veuve du fils de Cathelineau (*).

Comme ceux du général de Charette, c'est donc en faveur de *Louis XVII* que les soldats du *Saint de l'Anjou* chantèrent avec tant d'amour ce refrain :

> » Vivent l'Autel et la Foi.
> » Vivent la France et son Roi.

(*) Th. Muret. *Vie popul. de Cathelineau,* p. 33.

§ 5

UNE AUTRE LEÇON

D'HISTOIRE

DONNÉE AU COMTE DE CHAMBORD

PAR

Mgr THARIN, SON PRÉCEPTEUR.

« .... Mon fils, gardez mes paroles, et
» faites-vous, dans votre cœur, un trésor
» de mes préceptes.

» Observez, mon fils, mes commande-
» ments....; gardez ma loi comme la pru-
» nelle de votre œil. »

LES PROVERBES, VII, 1-2.

Voir, en-dessous du portrait de Mgr Tarin,
la leçon d'Histoire.

Sources et Documents

de cette leçon d'histoire

Mgr Claude-Marie-Paul Tharin, né à Besançon, le 24 octobre 1787, succéda, en 1823, en qualité d'Evêque de Strasbourg à Mgr le Prince de Croy, appelé à l'archevêché de Rouen.

C'est en 1827 que ce Prélat accepta les fonctions de Précepteur du Duc de Bordeaux (alors âgé de sept ans) et qu'il quitta l'évêché de Strasbourg pour se rendre à la Cour.

Mgr Tharin fut accueilli avec de grands honneurs; sur le portrait dont cette publication donne la reproduction, on peut voir que son nom fut, dès lors, précédé de la particule nobiliaire.

Mais l'ancien Evêque de Strasbourg prit au sérieux les fonctions de *précepteur*, et c'est à la Cour de Charles X que Mgr Tharin apprit l'existence de Louis XVII. Dès son arrivée, ce Prince de l'Eglise put comprendre combien d'erreurs M. Victor Hugo avait accumulées dans ses *Odes* sur la Vendée, Quiberon, Louis XVII, la Mort du Duc de Berry, la Naissance du Duc de Bordeaux et le Baptême de *l'enfant de l'adultère.*

Sans doute, c'était pour égarer l'opinion publique dès l'origine que cet infortuné fut nommé l'enfant du *miracle* ou l'enfant de l'*Europe*; c'est ainsi que, dans une famille, un jour, on recourut au *miracle* pour expliquer comment, après neuf mois de *maladie*, la taille d'une demoiselle avait *subitement* perdu son ampleur.

Aujourd'hui, à Frohsdorf, la mémoire de Mgr Tarin n'est plus entourée de sa première auréole; et chose singulière, on semble se garder de la rappeler dans les livres, articles, publications, poésies, images, etc., etc., faites en faveur du *Coq blanc* des prophéties.

Une pareille ingratitude couvre un mystère et le docte Rohrbacher va nous en donner la clef par son *Histoire Universelle*.

« Il régnait à cette époque, » dit-il, « parmi les sommités du Clergé et des Royalistes une *étrange superstition de légitimisme* (*). Des Evêques, des Aumôniers du Roi, des Nobles illustres regardaient Charles X comme un usurpateur. Tel de ses Chapelains, que nous avons connus ne le nommaient plus dans le Canon de la Messe. L'Evêque Tharin, Précepteur du

---

(*) Nous reprendrons cette *étrange accusation de l'ignorance*.

Comte de Chambord, passait pour être dans les mêmes sentiments (*). »

Un Précepteur, fut-il Evêque, qui ne voulait pas s'incliner devant les détenteurs d'une fortune mal acquise, devait être répudié, et c'est ce que fit *la Restauration !* Telle est la cause de l'obscurité dans laquelle est tombée la mémoire de Mgr Tharin.

Si Rohrbacher nomme *une étrange superstition de légitimisme* la fidélité des personnes attachées à Louis XVII, ne serait-ce pas parce que, dès 1806 (**), on enseignait, dans toute la France, ce mensonge :

« *D.* Que devinrent les enfants de Louis XVI après sa mort?

« *R.* Son fils mourut en prison.., »

Toutefois, lorsque Rohrbacher dit : « l'Evêque Tharin, Précepteur du Comte de Chambord, passait pour avoir les mêmes sentiments, » c'est amoindrir la vérité et enlever à Mgr Tharin son plus beau titre de gloire : celui d'avoir triomphé de toutes les séductions par lesquelles Charles X s'efforça d'acheter son silence.

(*) ROHRBACHER, *Histoire Universelle*, 3e édition, Tome XXVIII, page 370. — Paris, 1859.

(**) LE RAGOIS. *Instruction sur l'histoire de France.* Toulouse, MDCCCVI, page 302.

Des documents qui ont plus de vingt ans d'existence vont le prouver.

M. J. Suvigny, avocat, a fait paraître, en 1851 (*), une publication intitulée : « *La Restauration convaincue d'hypocrisie, de mensonge et d'usurpation, de complicité avec les Souverains de la Sainte-Alliance, ou Preuves de l'existence du Fils de Louis XVI réunies et discutées.* »

Sans doute, Louis XVII avait passé à une vie meilleure, dès le 10 août 1845, (laissant comme l'homme de bien *des fils et petits-fils pour héritiers* (**) tandis que l'*enfant de l'adultère* est frappé d'impuissance). La plupart des documents publiés par M. Suvigny lui furent bien fournis par le soi-disant Baron de Richemont (après que la police en avait dépouillé le vrai Duc de Normandie) — mais *les documents* n'en conservent pas moins toute leur valeur probative, car, pour être tombés aux mains d'un voleur, des titres ne sont pas moins des preuves.

Or, dès la page 166 de son travail, M. Suvigny établit que Mgr Tharin était convaincu de l'existence de Louis XVII et rapporte comment

---

(*) Paris, imprimé chez Lacour et Cᵉ, rue Soufflot, 16.
(**) Les Proverbes, XIII, 22.

le 6 octobre 1827, étant à St-Cloud, assis sur
un banc de pierre de l'ancien jardin de Mme de
Maintenon, cet évêque annonça tous les malheurs qui tomberaient sur la Branche *cadette*
des Bourbons à cause de son usurpation.

L'ecclésiastique auquel Mgr Tharin faisait ces
confidences, dit dans une lettre du 2 mai 1831 :
« ....le point sur lequel je chagrinais le plus
Mgr Tharin était l'espèce de contradiction que
je voyais entre sa charge de précepteur du duc
de Bordeaux et sa foi en Louis XVII. — *Ce
n'est pas ma faute*, répondit-il, *si mon élève
n'est pas l'héritier légitime.... Tous les événements qui s'acccomplissent, ceux qui s'accom-
pliront encore sont l'effet de la colère de Dieu.
Une grande malédiction pèse sur la famille
que vous voyez parce qu'elle règne sciemment
au préjudice du fils de Louis XVI. Elle est
avertie de son usurpation* (*). *Louis XVIII a
profité le premier de ce bien mal acquis ; les
autres ont succombé comme lui à la tentation
d'occuper le trône de Louis XVII. Cette injustice retombe sur leurs têtes. Tant pis pour
eux ? J'en suis désolé pour mon petit Duc de
Bordeaux....* »

(*) Par le paysan Martin, étouffé le 8 mai 1834, dans
la maison de la comtesse de V..., à Chartres.

Pour le bon précepteur, l'élève « n'était pas complice de l'usurpation de ses parents » — avant 1830, bien ! — mais, depuis 1872 et son voyage *à Breda,* où vit encore S. A. R. Madame la Duchesse de Normandie, notre conscience se refuse à le croire.

M. Suvigny continue ainsi (page 169) : « Une autre lettre, plus précieuse encore, parce qu'elle émane de l'ancien secrétaire de l'Evêque de Strasbourg, nous a été adressée. Elle était destinée à l'*Univers,* mais ce journal en a refusé l'insertion. »

PIÈCE 74. — « Verberie, Oise, 2 octobre 1850.

» A Monsieur le Rédacteur de l'*Univers.*

» Monsieur le Rédacteur,

» Je n'ai point l'habitude d'en appeler à l'impartialité des journaux pour leur demander la rectification de quelques-unes de ces mille et une inexactitudes qu'ils commettent quelquefois à leur insu ; mais je ne puis m'empêcher de réclamer contre une fausse assertion que j'ai lue, il y a peu de jours, dans un des premiers numéros de vos feuilletons sur les *faux Dauphins,* parce qu'elle m'a paru offensante pour la mémoire d'un saint et illustre pontife, qui a tenu, dans les rangs de l'épiscopat français, une place honorable, et dont il me semble qu'un journal qui se dit religieux aurait dû parler plus convenablement.

» S'il faut en croire M***, auteur des premiers feuilletons, Mgr Tharin, ancien Evêque de Strasbeurg et précepteur de Mgr le duc de Bordeaux, aurait été renvoyé de la Cour parce qu'il croyait à l'existence du fils de Louis XVI.

» Non, Monsieur, Mgr Tharin n'a point cessé de remplir les fonctions de précepteur du duc de Bordeaux, sous le coup d'une disgrâce. Sa retraite fut volontaire, et le roi Charles X ne voulut pas lui donner de successeur, pour pouvoir mieux récompenser ses bons et importants services, en portant sa pension à un chiffre plus élevé. Il lui accorda, en effet, une *pension annuelle de vingt mille francs* avec l'offre du premier siége vacant qui serait à sa convenance.

» Il ne s'en suit pas que Mgr Tharin n'ait pas cru à l'existence du fils de Louis XVI.

» Non-seulement Mgr Tharin a cru que l'orphelin du Temple a été sauvé, mais cette croyance, qu'il a conservée jusquà sa dernière heure, j'affirme, moi, qui eus l'honneur d'être son secrétaire, et pour qni, je ne crains pas de le dire, il n'avait rien de caché; j'affirme que c'est à la Cour même et en faisant l'éducation du duc de Bordeaux qu'elle lui est venue. Il y a plus; bien qu'il ait prétexté sa mauvaise santé pour s'éloigner de son.. élève, qu'il aimait beaucoup et qui lui était très-attaché, *le véritable motif de sa retraite fut la conviction où il était que le refus qu'avaient fait les Bourbons, et notamment Louis XVIII, de reconnaître le Dauphin, dont ils n'ignoraient pas la conservation, attirerait prochainement sur cette famille et sur la France entière les plus grands malheurs* Or, pour tous ceux qui ont connu Mgr Tharin, son opinion est d'un très-grand poids. Un homme d'un caractère aussi élevé et d'un mérite aussi éminent, n'a pas cru, sans y être déterminé par les plus puissants motifs, à l'existence du fils de Louis XVI.

» Cette opinion, d'ailleurs, et personne ne le

conteste, fut avant 1830 celle de la Grande Aumô-
nerie et des seigneurs les plus en crédit à la Cour.

» . . . .

» . . . . et vous même, Monsieur le rédacteur, si
dans cette question, vous voulez faire preuve d'impartialité, comme on est en droit de l'attendre
d'un écrivain religieux...... vous accueillerez, j'espère, la réclamation que j'ai cru devoir vous adres-
ser par respect pour la mémoire si digne de véné-
ration de Mgr Tharin.

» . . . .

» Agréez...

» *Signé :* DE LA H..., Chanoine Honoraire et ancien secrétaire-général de l'Evêché de Strasbourg. »

S'il est difficile de comprendre pourquoi cette
lettre n'a pas été publiée par l'*Univers*, par
contre, *cette pension annuelle de vingt mille
francs* indique par quels moyens l'usurpation
voulait s'assurer *le silence* de Mgr Tharin.

Les sacriléges dont *la Restauration* s'est ren-
due coupable depuis quatre-vingt ans au sujet
de Louis XVII sont innombrables.

Ainsi, Mgr Tharin restant fidèle, elle parvint
à égarer sa bonne foi et à lui faire prendre un
Moine italien pour le vrai Duc de Normandie.

Louis-Philippe enchérissait encore sur l'infa-
mie et, par ses intrigues, l'extatique de Nieder-
bronn reçut un jour la visite du dit Baron de
Richemont, finalement mort en 1853, après avoir

demandé à Mgr l'Evêque actuel de Strasbourg le sacrement de confirmation et s'être rendu jusqu'à Gaëte pour égarer la religion de S. S. le Pape Pie IX aujourd'hui, heureusement, *en parfait état de science.*

La morale de cette *leçon d'histoire* est donc, qu'en pareilles circonstances, le mieux est d'accepter *les vingt mille francs*, de les faire parvenir à qui ils appartiennent, et de proclamer la vérité en public pour hâter l'accomplissement de ce texte d'Isaïe :

Alors l'alliance que vous aviez contractée avec la mort sera rompue et le pacte que vous aviez fait avec l'enfer ne subsistera plus.

§ 6

LA BAGUE DE LA LIBÉRATION

ET

LE TÉMOIGNAGE

DE LA DIPLOMATIE

————

Un mouvement impossible à décrire régnait dans Paris, le samedi 21 janvier 1871.

Sur les murs de la cité, une affiche officielle (*) portait ce fier défi :

« *Le Gouverneur de Paris ne capitulera pas.* »

Et cependant Paris subissait toutes les horreurs du siège ; le *bas-empire* s'était effondré dans la boue de Sédan ; un cercle de feu entourait Paris rationné à 300 grammes de pain par

————

(*) LE SIÉGE DE PARIS, 1870-1871, *par un Officier d'E-tat-Major ;* Paris, Degorce-Cadot, édit. illust. p. 251. — J. CLARETIE. *Hist. de la Révol. de* 1870-71 ; Paris, 1872, p. 517.

jour ; mille personnes mourraient dans les vingt-quatre heures ; à chaque pas, on rencontrait des corbillards d'enfant ; livrée à l'ennemi par quelques scélérats, l'armée gémissait prisonnière ; les nouvelles de la Loire étaient désastreuses ; sans respecter les lois de la guerre, plus de 800,000 Germains foulaient de leurs pieds le royaume très-chrétien — le barbare Croscus, roi des Allemannes, ne doit pas avoir commis plus de cruautés, d'immoralités et de sacriléges.

Saint Denis et Sainte Geneviève avaient suspendu leur protection, le flot de l'invasion n'était pas venu expirer au pied des remparts de Paris comme la prière de Mgr d'Angers l'avait demandé au Ciel, car l'homme du 2 décembre devait, pour le bonheur de la France, finir dans l'ignominie, et, pour son châtiment, sans les sacrements de l'Eglise qu'il avait trahie en laissant envahir le Patrimoine de Saint-Pierre.

Les prophéties étaient menaçantes ; l'une d'elles portait ces mots : « Malheur à toi, Grande Ville !... voici venir des Rois armés par le Seigneur... la Place du Crime est purgée par le feu ; le Grand Ruisseau *(la Seine)* a éconduit, toutes rouges de sang, ses eaux à la mer..... »

Dans ce même jour (21 janvier 1871) le Général Vinoy remplaça le Général Trochu dans le commandement en chef de l'armée de Paris.

C'était encore un brave et vaillant général ; au moment de l'assaut de Sébastopol, en prévision que Malakoff était miné, le Maréchal Mac-Mahon lui avait dit ce mot sublime : « Il est » possible que votre brigade saute , mais, dans » ce cas, la brigade Decaen vous remplacera et » Malakoff nous restera. »

Malgré l'AFFICHE, le 21 janvier 1871 était cependant **le prélude de la capitulation — l'anniversaire de la mort de Louis XVI — et une partie des fléaux annoncés par le laboureur Martin , à cause de l'usurpation de la Couronne de Louis XVII.**

La Place du Crime devait expier *le régicide.*

Vers minuit, eut lieu l'échauffourée de Mazas et le lendemain vit paraître ce télégramme, (*) preuve d'une famine imminente :

« Paris, le 22 janvier 1871, 11 h. 48 du matin.

« *Général Callier, commandant 2ᵉ secteur à Maire de Paris.*

» Le passage de Flourens à la mairie du vingtième arrondissement a coûté environ 2,000 rations de pain supprimées ou emportées.

(*) J. CLARETIE. *Ouv. cit.*, p. 519.

» La commission municipale est dans le plus grand embarras ; elle compte sur vous pour obtenir le remplacement de ces 2,000 rations, soit par l'Hôtel-de-Ville, soit par une intendance quelconque.

» C'est un besoin d'ordre public et des plus urgents !

» Pour copie conforme :

» *Le Ministre de l'Intérieur par intérim,*

Jules FAVRE.

Le commandant du 2ᵉ secteur fit reprendre possession de la mairie du XXᵉ arrondissement. Mais rendez-vous fut donné par les clubs, pour le lendemain, midi, sur la place de l'Hôtel-de-Ville, et ces futurs incendiaires se séparèrent aux cris de *Vive la Commune !*

« Cependant les canons Krupp continuaient leur œuvre de destruction. » Dans la nuit il y eut deux commencements d'incendie ; les obus, les boîte-mitrailles et les bombes pleuvaient sur la malheureuse petite ville de Saint-Denis ; trois fois la Basilique fut atteinte.

La lutte est devenue impossible ; les officiers supérieurs consultés par le gouvernement et les maires se prononcent à une grande majorité pour la capitulation.

La Place du Crime avait obtenu miséricorde, mais le reniement de *Louis XVII* était si bien puni que, peu de mois après, la *Gazette de Lausanne* mettait en vente pour *17 francs :* l'ALBUM DES RUINES DE PARIS.

Le 23 janvier, M. Jules Favre se rendit au quartier-général allemand, puis le 25, puis enfin le 28, accompagné du Général de Remfort et d'autres officiers. (*)

L'armistice fut conclu le 23 janvier à Versailles, dans ce vieux château de Louis XIV, témoin de tant de gloires et où, pour la douleur de la France, le Roi de Prusse avait été acclamé *Empereur.* (**)

Le sang a cessé de couler, et M. Jules Favre part pour Bordeaux afin de faire exécuter l'armistice et de faire procéder aux élections d'une Assemblée nationale de 750 membres, dans laquelle Mgr Dupanloup représente *seul* le Clergé.

Le 17 février, M. Thiers est nommé chef du pouvoir exécutif qu'il devra exercer sous le contrôle de la Chambre.

(*) *Histoire de la Guerre de* 1870-71 ; édition de Bruxelles, 1872, p. 304.

(**) L'épée de Damoclès n'en reste pas moins suspendue par ce distique du Frère Hermann de Lehninn : *Tandem Sceptra Gerit, Qui Stemmatis Ultimus Erit. — Enfin, celui-là porte le Sceptre, qui sera le dernier de la Race.*

Le 19 février, M. Thiers annonce que les Ministres ont été choisis en ayant égard seulement à l'estime publique dont jouissent leur caractère et leur capacité.

M. Jules Favre est ainsi nommé Ministre des Affaires Étrangères, et le 26 février *les préliminaires de la paix* furent arrêtés.

La presse, à cette occasion, célébra *la plume d'or* avec laquelle le Prince de Bismark fixait la rançon de la France à *cinq milliards de francs* (5,000,000,000); un patriote allemand avait fait cadeau au Grand-Chancelier de cette *plume d'or* dès le début de la guerre, — mais la France avait, de son côté, *la bague de la libération*, ou l'anneau que portait à sa main, lors de la signature de l'acte, M. Jules Favre, Ministre des Affaires Etrangères.

Cette *bague* lui avait été donnée, à Londres, par un Prince qui, sans doute, un jour, aura un Homère pour chanter ses infortunes, mais qui, comme Ulysse, n'eut pas le bonheur de revoir sa patrie. M. Jules Favre en est le témoin : ce Prince c'est : *le vrai Duc de Normandie.*

A la Conférence des Plénipotentiaires, traitant de la Paix, à Francfort, le 10 mai 1871, *l'anneau de Louis XVII* a pu être vu à la main de M. Jules Favre par :

Le Prince de Bismark ;

Le Comte Wartensleben ;

Le Baron d'Arnim ;

M. G. de Goulard ;

Le Comte Hatzfeld ;

M. Pouyer-Quertier ;

Et le Comte Henckel von Dounersmarck. (*)

Dans le Salon de S. A. R. Madame la Duchesse de Normandie, à Breda, on peut voir aussi un portrait de M. Jules Favre, témoignant de l'étendue de sa fidélité à la cause de l'infortune et du devoir de la conscience.

Devant les défaillances morales, c'est une grande consolation de voir cet homme tenir en suspens les cabinets de l'Europe et toute la magistrature de France, pour soutenir les droits issus du mariage légitime du Duc de Normandie.

(*) *Histoire de la Guerre de* 1870-71, p. 300.

CONCLUSIONS HISTORIQUES

—

..... Pendant que bien des princes ont un blason à jamais terni, seule, *la Branche Aînée des Bourbons* peut dire que dans ses veines, coule, en toute pureté, *le Sang Royal de France.*

APPENDICE I

UNE AUTRE

PRÉTENTION GALLICANE

OU

L'ADULTÈRE DE BUONAPARTE

ET DE L'ARCHIDUCHESSE

MARIE-LOUISE D'AUTRICHE

« N'étant plus votre épouse , puis-
» je vous féliciter d'être père ? »

Lettre de Joséphine à Buonaparte après
la naissance de l'enfant issu de cet adultère (*).

Buonaparte répondit le 22 mars 1811 :

« .... Mon fils est gros et bien portant.
» J'espère qu'il viendra à bien. »

(*) Publiée dans l'Hist. Pop. d'*Emile-Marco de Saint-
Hilaire*. Paris , Boizard , édit., 1846.

APPENDICE II

UNE SUBSTITUTION

. . . .

(A l'étude.)

APPENDICE III

UN TROISIÈME ADULTÈRE

OU

LE PETIT C....T

ET

UN ENSEVELISSEMENT

AU CIMETIÈRE

du Père Lachaise

à Paris.

———~~~~~———

L'ACTE DE NAISSANCE

DE M. THIERS

Mairie du Midi. — Naissance. — An V — No 2.

THIERS **MARIE-JOSEPH-LOUIS-ADOLPHE.** — An V. REG. 2me. —

L'an V de la République française une et indivisible, le vingt-neuf germinal, à cinq heures, par-devant nous, officier public de la municipalité du Midi, canton de Marseille, et dans le bureau de l'état civil, est comparu le citoyen Marie-Siméon Rostau, officier de santé et accoucheur, demeurant rue Latérale du Cours, isle cent cinquante-quatre, maison six, lequel nous a présenté un garçon dont il a dit avoir fait l'accouchement, qu'il nous a dit être né le vingt-six de ce présent mois, à deux heures une demie, de la citoyenne Marie-Magdeleine Aurie et des œuvres du citoyen Pierre-Louis-Marie Thiers, propriétaire, actuellement absent, et dans la maison d'habitation de l'accouchée, sise rue des Petits-Pères, sous le numéro quinze, île cinq, auquel garçon il a été donné les prénoms de Marie-Joseph-Louis-Adolphe, dans cet acte fait en présence des citoyens Pierre Roussel, propriétaire, demeurant rue des

Petits-Pères, et Jeanne Imbert, coiffeuse, demeurant même rue, témoins majeurs desquels le second a déclaré ne savoir écrire, et avons signé avec le premier et le comparaissant.

ROSTAU, officier de santé.

P. ROUSSEL

J. JOURDAN, officier public, adjoint.

L'importance de cette pièce, dont l'authenticité défie toute critique, saute aux yeux, si on la rapproche des données déjà connues sur les parents de M. Thiers.

En effet, son père, Pierre-Louis-Marie Thiers est né à Marseille, le 9 septembre 1759.

Il épousa :

1o Le 7 septembre 1784, Marie-Claudine Fougasse, décédée le 13 ventôse, an V (3 mars 1797) ;

2o Le 24 floréal, an V, (13 mai 1797) (c'est-à-dire deux mois et douze jours après la mort de sa première femme) Marie-Magdeleine Amic.

M. Thiers est donc né 44 jours après la mort de la première femme de son père et 29 jours avant le mariage de sa mère.

Ces dates ne laissent pas que de lui faire un état civil passablement anormal.

Et s'il porte le nom de Thiers, il le doit à l'ancienne législation. Car s'il était né après l'adoption du Code civil (1804 — Art. 331, chap. III , sect. 1) il n'aurait pas pu être légitimé.

(La Liberté, samedi 25 janvier 1873.)

www.ingramcontent.com/pod-product-compliance
Lightning Source LLC
Chambersburg PA
CBHW070935280326
41934CB00009B/1886